JN437751

성탄전야

김선화

서울 출생 / 한성대학교 대학원 한국어문학과 졸업(석사) / 2006년 〈유심〉으로 등단 / 2011년 가람시조문학상신인상 수상 / 2014년 서울문화재단 창작지원금 받음 / 〈유심〉동인.

성탄전야

지은이 · 김선화
펴낸이 · 유재영
펴낸곳 · 동학사

1판 1쇄 · 2015년 12월 1일
출판등록 · 1987년 11월 27일 제10-149

주소 · 04083서울 마포구 토정로53 (합정동)
전화 · 324-6130, 324-6131 | 팩스 · 324-6135
E-메일 | dhsbook@hanmail.net
홈페이지 | www.donghaksa.co.kr
www.green-home.co.kr

ISBN 978-89-7190-509-8 03810

※ 2014년 서울문화재단 창작지원금 받음

성탄전야

김선화 시조집

Sijo Poems by Kim Sun Hwa

동학사

■ 시인의 말

바라보고 쓰다듬었지만 막상 내놓으려니 부끄럽고 아쉽습니다.

허물 벗고 살갗을 뚫고 나오길 바라는 나의 시가 길을 잃지 않기를 …….

2015년

김선화

성탄전야 김선화 시조집

01

02

03

04

01

해바라기 _ 아버지의 바둑 _ 러닝머신 위에서 _ 단추를 달며 _ 올해는 _ 눈 감고 _ 공존 _ 겨울나무 _ 봄날 _ 어느 날 _ 그 세월 _ 추억에서 _ 기도 _ 운명 _ 조약돌

해바라기

그대가 보입니다
마주 선 환한 모습

유리문 안쪽으로
못 보는 그대 보입니다

창 너머
바라만 보아도
활짝 나는 핍니다

아버지의 바둑

아버지는 흑과 백, 오늘도 집을 짓는다
살뜰한 아내가 차린 따뜻한 밥상 앞에
희망도 올망졸망 빛나던 젊은 시절 작은 집.

추억도 말도 잊은 삭정이 같은 손을 잡고
물기 어린 사랑 한줌, 아내 한판 쓸어내리며
못 떠날 둥지 끌어안고 가슴에 돌집 짓는다.

러닝머신 위에서

먼 길 벨트 위를 걷고 또 걸어 왔네
어디쯤 왔는지 나는 알지 못하고
군중 속, 밀고 밀리며 주름져온 나날들.

걸어온 길 돌아보던 단발머리 뛰어 간다
물기 오른 메타세콰이어 잎눈 따라 펼쳐진
아무도 밟지 않은 연둣빛, 새벽길을 내며 간다.

단추를 달며

바늘귀에 실이 잘 들어가지 않는 밤
문득 이불 깁던 등 굽은 실루엣
내 모습 어머니 같아 손톱 물고 앉았다

세월을 펄럭이며 바람결 흘러가고
빨랫줄에 햇살 함께 너울대던 하얀 홑청
올올이 건너온 시간, 숨바꼭질 하던 아이

풀 먹인 이불 대청마루 위에 뒹굴면
바싹 마른 풀꽃 향기 은근한 품속에서
엉덩이 찰싹 붙이던 소리, 그 목소리 듣고 싶다.

올해는

봄비 오는 꽃밭엔
고운 엄마 쪼그려 앉아

채송화, 분꽃 씨와
단비 함께 맞았지

봉숭아
꽃물 들여 드릴까
늙은 엄마 손톱에.

눈 감고

잠자는 어머니 볼 가만히 대어보면
주름진 골짜기마다 물 흐르는 소리 들린다
마침내 넘쳐흐르는 푸르고도 시린 물

어머니 하얀 머리 가만히 만져보면
흔들리며 피어나는 풀꽃들이 보인다
육남매 뛰놀던 들판 어린 햇살도 보인다.

공존

변두리 허름한 이층건물 위아래층에

거룩한 主 '사랑교회'
술酒맛 좋은 '풀잎사랑'이

서로의 등을 맞대고 삶을 이야기한다

흙바람 속 빗물과 투명한 눈물 사이

첨탑 위 십자가와 진분홍 간판 사이

어둠이 밀려오면 켜지는
네온사인 두 사랑

겨울나무

묵묵히
생각에 잠긴
겨울나무 등에 기대어

살 냄새
싱그럽던 그의 여름을 봅니다

아버지
푸른 등줄기 목말 타던 지난날.

한때
가지마다 휘어진 능금 능금처럼

반짝이며
바라보던 그 눈빛을 봅니다

언 땅을 녹이는 소리 그의 물줄기도 봅니다.

봄날

개나리 톡톡 터지는 왕복 4차선 도로

흰 두루마기 할아버지 팔자걸음 건너간다

어르신 행차하시는데

쿨럭,

사레들린 버스

어느 날

이제 어머니는 아기가 되었나보다

막내딸을 아줌니라니
저 부러진 삭정이

내 얼굴, 알토란같은 나도 함께 잊으셨나.

그 세월

-보문사 맷돌*

안개바다 가르며 돛배에 몸을 싣고

머나먼 길 찾아온 착한 웃음이 반가워

맷돌은
제 몸 부대끼며 어처구니를 돌렸다.

이마 나온 동자승
못 잊은 어미 젖줄이 되고

선방에 걸린 장삼빛
닮고 싶은 그 세월

수족手足을 간 네 모르는 목내이木乃伊가 되있다.

---

* 신라 선덕여왕 때 건립한 강화도 보문사에 있는 맷돌로 시도 민속자료 1호. 수백 명의 음식을 만들 때 사용했다고 한다. 지금은 어처구니는 없어지고 웃돌, 아랫돌이 남아 있음.

추억에서*

홀로 앉아 빵을 먹다
꾸역꾸역 박재삼을 읽고
안개 속 그의 눈물처럼
내가 온통 젖습니다

슬퍼도 아름다운 게 삶이라고 삶이라고

---

* 박재삼의 연작詩 제목

기도

차가운 비 내린다
새벽미사 가는 길

후두둑, 떨구는 비에
튀어 오르는 변명들

말갛게
씻겨 내렸으면
내 뻔뻔한 눈물마저

운명

-진주

초대하지 않은 그가
내게로 들어왔다

차마,
보낼 수 없어 입술을 깨물고

눈물로 감싸 안는다
그 홀로 빛날 때까지

조약돌

그가 날 흔들고
내가 힘껏 뒹굴어

결이 고운 생각의 무늬를 만들고

단 하나
내주지 못한 맘은
달빛 아래 누인다.

02

성탄전야_예의_사랑_아프가니스탄의 꽃_단종애사_쉿_맷돌의 잠_산역_돌아오는 길_숲에 들어_폭우_닮았다_오늘의 수다_바양노르솜의 밤_먼 여행_해 – 바래기_엄마의 '우리강아지' 1

성탄전야

벽난로 불 밝히고 창밖엔 눈이 오고

우리 따뜻하라고 창밖엔 눈이 오고

언제든 내 품에 달려와 언 마음 안기라고

내 몸 어디에 가시 있나 살펴도 보고

씻고 기름 발라 나 향기로운 밤

사실은 그대가 나의 마른풀 구유였으면,

예의

그러다 한나절이 다 지나갔습니다.

'불조심은 산에 대한 예의'라는 팻말을 읽으며 산에 들어서다 풀과 나무는 가르쳐주지 않아도 제자리에 서 있는 걸 보았습니다. 돌마다 눈이 있고 나무들 입이 있어 휘이 휘이 사라락, 소리 내어 반기는 걸 보았습니다

그리고 말없이 서성이는 나와 당신을 생각했습니다.

사랑

널 보면
금이 간다
가슴에 실금이 간다

사는 건
서로서로 어깨를 내어주는 것

키 작은
너의 어깨 위로
날아든 젖은 눈빛

아프가니스탄의 꽃

오늘은 한 달에 한번 집에 가는 월급날
정부군 잡일을 하는 열네 살 압둘바리*는
빵과 물 여덟 식구를 안쪽 가슴에 품었다

폭탄에 눈 먼 아버지, 다리 없는 순한 누이
온종일 보고 싶은 먹먹한 그리움으로
양귀비 찬란한 들길을 겅중겅중 달려간다

* 아프가니스탄의 한 소년 압둘바리는 내전의 포화 속에서 졸지에 여덟 식구의 가장이 되었다.

단종애사

- 왕후의 편지

동망봉에 올라 청령포를 바라봅니다
가시며 흘린 눈물 오늘도 발밑에 지고
열일곱 고운 그대 얼굴 아스라이 보입니다

이제 펼칠 수도 알 수도 없는 먼 기억들
그대 눈길 닿은 곳 굽이굽이 감돌아
볼 붉은 열일곱 열여덟 우리 다시 만나요

아니, 새가 되어 비오리 한 쌍 새가 되어
푸르른 저 동강 너울 함께 타고 가요
저녁놀 곱게 물들이는 손가락 긴 편지

쉿!

둥근 배 감싸 안고
민낯 여인 버스에 탄다

지금은 뜨거운 사랑
살뜰히 영그는 중

환하다
우주를 품은
그녀가 달린다
.

맷돌의 잠

한 됫박 치성드릴 아낙네의 보리쌀도

하인 등에 지고 온 만석꾼의 공양미도

보문사 큰 맷돌은 한데 품고 어처구니 돌렸을까

무슨 뜻을 세웠거나 성근 제 뼈를 깎아

바리때 한 그릇에 등燈을 달던 그 세월

아득히 수족을 놓고 깊은 잠에 드셨다.

산역

고운 흙 도닥도닥 어머니 덮어드리고
하고픈 말도 놓친 몸으로 큰절 올린다
이제는 편히 누우라고 걱정도 놓으라고

산 속에 어머니 혼자 남겨두고
마른 돌 구르듯 언덕길 내려온다
귀퉁이 떨어져 나온 쓸쓸한 돌멩이

돌아오는 길

홀로 계신 아버지를
만나고 오는 날은

싸아한 바람이 코끝으로 불어오고

희뿌연 아버지의 눈빛이
골목 내내 흔들린다

숲에 들어

함박눈 미사포를 쓴
나무에게 배웠네

하늘 향해 손 모아 기도하는 마음을

안으로 아픈 기억을
다스리고 있음을

사나운 비바람에 꺾이며 떨던 시간
인고를 새기던 기나긴 발자국이

옹이진
상처였음이
눈으로 만져지네

화장을 지우고 엉킨 마음 나도 비우니

하늘에 기대어 빚지며 살아온 나날

꽃망울 세우는 핏줄 아프도록 보이네

폭우

창밖에
무너지듯 쏟아지는 빗줄기

우리 헤매던 길로
천둥소리 흩어지고

참았던 세상의 울음이 땅을 치며 흐른다

닮았다

아파트 담장을 끼고 좌판 벌인 중년 여인
냉이, 쪽파, 도라지 푸성귀를 차려놓고
저녁을 다듬는 손길이 세월만큼 빠르다

평생 백수인 남편, 껄렁대는 아들에게
뼈아픈 지폐가 일수 찍듯 빠져나가도
하늘 밑 좌판이 남았다고 입가에 짓는 웃음

사시사철 바람과 아낙들의 수다를
온통 집어넣어 가슴 둥근 그녀는
장독대 햇살 깊은 항아리 그 속을 닮았다

오늘의 수다

아이들 종알대는
노란 버스 떠나고

아줌마 네댓이 한 집으로 몰려간다

어제의 올망졸망한 사건
커피 향에 또 뒹굴겠다

바양노르솜*의 밤

풀빛 바람 싱그러운 오솔한 밤이 오면

전사들 옛이야기 다시 들을 수 있어요

가라말
초원 저 너머 천둥치는 발굽소리.

메마른 어머니 강은 모래밭 길이 되고

게르를 빠져나온 그렁한 아이들 눈빛

별이란
별은 모여 왈칵, 쏟아질 것 같아요.

---

* 말라가고 있는 호수가 있는 곳으로 현재 사막화가 숨가쁘게 진행되고 있는 몽골지역.

먼 여행

너처럼
나도 몰랐어
다시 볼 수 없다는 걸

오늘 일 까마득하여
어제 우린 웃고 있었지

자욱이
웃던 네 눈물만
함께 걷는 아침 강변

해-바래기

반지하 단칸셋방 창가에 핀 제라늄

세상 환해지라고 온몸으로 얘기하듯

분홍꽃
서너 송이가 분을 돌며 피어난다

"어허! 요놈 여간 예쁜 게 아니네"

꼬불꼬불 좁다란 길 구부정한 실루엣

흰머리
깊은 주름에도 햇살 출렁, 고인다

엄마의 '우리강아지' 1

감기로 열만 나도
하늘을 쳐다본다

엄마! 나 보여?
잘 지켜보고 있는 거지?

아직도
떼를 쓰는 나는
강아지이고 싶다

03

엄마의 '우리강아지' 2_다시 봄_꽃차_풍문風聞_북향北向_할미꽃 앞에서_첫눈_정경情景_가을엽서_낙엽_환승_오늘_눈발 날리다_사랑할 수 있을 때 좀 더 사랑할 걸_장독대

엄마의 '우리강아지' 2

어린 날 졸졸 따르며
멍멍 짖었었다

배 아프면 밤새껏
약손으로 쓰다듬던

울 엄마, 손을 핥으며
꼬리를 흔들고 싶다

다시 봄

처음엔 네가 나만 바라보길 바랬어

햇빛 쪽 고개 돌린 꽃들처럼 말이지

철지나
물기 마른 가슴
꽃씨 물듯
너를 품고

꽃차

늙고 병든 스승께서 손수 차를 끓이신다

호르륵 마시지도, 꿀꺽 삼키지도 못해

양손은 꽃받침된 채
향기 오래 마신다

풍문風聞

바람에 실려오는
소리들이 아프다

누군가의 입들이
내 마음을 들쑤신다

가을을 물들이는 단풍
무슨 소식에 저리 탈까?

내 잘못 아니라고
손을 저어본다

흔들리지 않으려도
쏟아지는 비바람

사랑은 뜬소문처럼
어딘가로 떠나고.

북향北向

-남겨진 말씀

곧 돌아오겠습니다
집 나선지 예순 해

머리는 북녘에 두고
흙을 덮고 누웠구나

너희는 살아 꼭 찾아 뵙거라
내 부모 계신 신흥리* 선산

* 함경남도 함주군 주지면

할미꽃 앞에서

4호선 경로석 세 할머니 앞에 섰다

"아줌마 어디까지 가요?" 도란거리던 분홍 블라우스 나랑 눈이 마주치자 "멀리 가면 다리 아픈데…" 엉거주춤 일어서며 자리를 내줄 기세다 "아니 왜 이러세요?" 당황한 나는 벌개진 얼굴로 할머니를 앉히는데, 분홍 할머니 옆에 앉은 할머니 내게 눈 찡긋하며 치매, 치매 입모양을 낸다

분홍빛 할미꽃 앞에서 나도 할미꽃이 되었다

첫눈

단풍나무 가슴에
눈이 되어 앉습니다

그 가을 붉은 마음
그대 아직 그대로여서

나 또한
단풍이 됩니다
한 몸으로 흐르는,

정경情景
– 천천히, 아주 천천히

햇살도 수런대는 교도소 안마당에
가족과 함께하는 운동회가 열렸다
손꼽아 기다리던 날 발그레한 얼굴들

청백군 편을 나눠 달리기, 줄다리기
어릴 적 운동회로 돌아가 맘껏 뛰며
모처럼 푸른 함성이 울타리를 넘는다

이제는 부모님을 등에 업고 달릴 차례
온 힘을 쏟아 부을 오늘의 하이라이트
아무도
달리지 않고 걷는다
주르륵, 봄비 내린다

가을 엽서

주전골 시린 물에 두 손을 담아본다

물길 흘러가듯 스쳐가는 너의 모습

단풍든 내 마음 얹어 잎새 하나 띄운다

낙엽

무심코 바라보다
상처투성인 걸 알았다

긁히며 커간 생각을
촘촘히 적어놓고

또 다시
생生을 넘고 있는
저 눈부신 고요

환승

아차! 잘못 탔어
4호선 충무로역
상계로 가는 건데 사당행에 올랐어

차창 밖
날리는 꽃잎만
쫓아가고 있었어

연둣빛 줄기만 따라
달리고 싶던 아이

한동안 잊고 있던
앨범 속 앳된 얼굴

되돌아
가고 싶어도
이젠 너무 멀리 왔어

오늘

은은한 향기 좋다며 정성들인 동양란

잎이 거뭇거뭇 제 모습 잃어가니

병든 건 없애야 한다며 뿌리째 들어올렸다

살아온 세월만큼 똘똘 말아 버티던 뿌리

못 본 척
또 다른 향기 찾는 향기 없는 나

거뭇한
내 얼룩 보일까
고개 들지 못한 날

눈발 날리다

간신히 의자에 앉아
아버지 이발을 한다

가녀린 머리카락이
가랑눈으로 떨어지고

아흔셋
마디 굵은 추억도
뚝 뚝 끊겨 흩어진다

사랑할 수 있을 때 좀 더 사랑할 걸

상처가 났다
온 몸 구석구석 그늘이 졌다

상처에 가시가 돋아
내가 나를 찌르고

겹겹이 쌓였던 시간
와르르 무너진다

다시 온전히 사랑할 수 있을까

넉넉한 햇살과 부드러운 입술에

상처가 꽃이 될 수 있을까
꽃 필 수 있을까

장독대

햇살 먹어 장맛들이던 뒤란 항아리들이
집을 새로 짓고 옥상으로 올라왔다
하늘이 더 가까워져 달도 별도 밝게 뜨고

어머니 행주질하던 그 손길이 떠나가니
거꾸로 엎어진 놈은 세상도 등을 지고
소금기 빛바랜 추억 바람이 실어 나른다.

04

수위조절_6월_석모도_분수_세한도 속으로_몸살_개인 날_커피타임_아버지의 손_축제_일곱빛깔_임진강_천수만 갈대_보트피플_놓으셔도 돼요_갈증

수위조절

신문을 펼쳐놓고 아침부터 뜨거운 부자父子

나는 보수의 주먹이 커 보이면 진보가 되고, 진보의 목소리가 거칠어지면 슬그머니 보수가 된다

오늘은 양쪽이 팽팽하다 관전觀戰만 해도 되겠다.

6월

햇빛 쏟아진다
천지간 쏟아진 만나*

짙어진 풀과 나무 사이
곰실거리는 생명들

땀방울 또르르 구르는
발걸음이 바쁘다

* 이스라엘 민족이 가나안으로 갈 때 광야 생활을 하는 동안 여호와로부터 받은 특별한 식량

석모도

나 없이 살 수 없다는
말랑한 거짓말을

돌 가슴에 새겨두고
뼈 삭는 줄 몰랐어

해질녘 노을 앞에서
물들이는 네 생각

분수

맨발로 뛰어올라
맘껏 소리쳐봐

여민 옷깃을 풀고
답답한 속내를 쏟아

어둠 속 젖은 별들이
제자리를 찾는 중

세한도 속으로

겨울이 되어서야 푸르름을 안다 하는
소나무 잣나무가 굽어가는 갯가 마을
붓 끝에 적신 결기가 묵화로 다가온다

위리안치 지붕 위로 하얗게 내린 적막
돌아돌아 닿는 기별 아득한 기다림에
눈 감고 귀를 닫아도 들리는 바람소리

몸살

믿었던 사람마저
등을 돌리고 떠나자

바닥까지 왔다고
커튼 치고 누웠다

마음에 들이지 못해
몸만 자꾸 뒤척이고

날아오를 기약 없어
말문을 닫은 채

허공을 붙잡고서
온몸을 밀어 올려도

사랑은 그 깊이 모를
늪 위에 핀 꽃이었다

개인 날

사랑하다
천지간 저 소나기처럼 사랑하다

빗발에 해질까 몰라
제비꽃 푸른 섶이

젖은 몸
새처럼 털고
푸르르 날아 오를래

커피타임

추억을 마신다
몽글몽글 혼곤함을

신청곡 적어 내밀고
너에겐 보내지 못한

오래 전
빼곡히 쓴 낙서
피네다방 구석자리

아버지의 손

아흔넷 아버지 손 꼬옥 잡아본다
육남매 키우느라 패인 세월 자국
흙물도 다 빠져나가 가랑잎처럼 가볍다

이제야 알게 된 담배연기 매운 시름은
덤불 속 제 몸 눕혀 고른 길 내주고픈
아버지 생채기 많은 깊은 사랑이었다

오늘은 담배 대신 우유 빨대를 쥐고
추억이 된 창문 밖 풍경 늦도록 바라보며
살아온 날을 그리는 야윈 손이 흐느인다

축제

묵언수행을 끝낸
벚나무가 입을 열었다

겨우내 깨우친 말씀
펑펑 쏟아놓는

황홀한 이승의 한때
수고한 이의 잔치

일곱 빛깔

어머니는 혼신을 다해 그릇을 만드셨다

그 중 하나는 별이 되어 우리를 지켜주고

나머지 여섯 그릇은
덧칠을 하고 있다

금이 간 그릇은 자꾸 눈물을 쏟고

잘 닦인 그릇은 반짝, 주위를 밝혀준다

명절엔 제 빛으로 서로
벌어진 틈을 메운다

임진강

꽃과 풀 이슬이 모여
물이 되고 길이 되고

산과 들 돌아들며
노래도 실어가며

못 다한 길고 긴 이야기
바다로 가고 있다

갈라놓은 산과 산
철조망에 가슴 아파도

한줄기 한 몸으로
흘러야 할 길이여

강물은 저 혼자 상처를
씻어가며 흐른다

천수만 갈대

바다로 떠난 그대
기다리다 목이 쉬었다

백발이 성성하도록 소식 듣지 못한 채

천 가지
가슴에 담은 사연
조금씩 비우고 있다

보트피플
– 톤레삽 호수*에서

제발, 아무 때나 사진 찍지 마세요
감추고 싶은 순간 누구나 있잖아요
더더욱 슬픈 표정은 정말 사양합니다

흙탕물에서 씻고, 그 물을 먹을지라도
물에서 더 자유로운 生을 받는 사람들이
화분에 꽃씨를 심고 아이를 낳는다

열댓 명 모여 앉아 찬송가를 부르는
까만 눈망울이 관광객을 마주 본다
신들은 어디에나 있어
스치며 본 수상교회

* 보트를 타고 피난한 베트남 난민이 살고 있는 곳. 전쟁이 끝난 뒤 어느 정부에서도 받아들이지 않아 바다같이 넓은 이곳 호수에서 살고 있다.

놓으셔도 돼요

까무룩 잠겼다가 놓쳤던 줄을 잡듯,

한 남자고 남편이었고 아버지임을 생각한다

부서진 골반 뼈의 아픔보다
무기력이 아프다

남의 손에 맡겨져 펼쳐지는 아랫도리

가물대는 아흔다섯 꿈이겠지, 꿈이었으면

꼭 잡고 놓지 않는 기저귀
아직도 부끄러우세요?

갈증

– 詩에게

밤새 서성였다
기다림과 설렘으로

네가 꽃이라면
만약에 꽃이라면

누운 채 나는 알몸으로
한줌 흙이 될 것을

해설

자기 기원과 타자의 삶을 상상하는 정형 미학

자기 기원과 타자의 삶을 상상하는 정형 미학

유성호(문학평론가, 한양대 국문과 교수)

1

우리는 시조에 안착된 '정형'이라는 고유 형질이, 자유로운 시상 전개를 가로막는 빽빽한 장애 요인이 아니라, 그러한 형식적 구속을 통해서만 독자적인 미학적 성취를 가능케 하는 불가피한 속성이라고 믿는다. 이러한 정형의 울타리를 통해 우리는 가장 소소한 일상의 결로부터 가장 커다란 우주적 상상력에 이르기까지 다양한 시적 경험을 하게 된다. 또한 이른바 '충만한 현재형'에서 구축되는 순간성을 통해 매우 심미적인 언어 조직을 경험하게도 된다. 따라서 정형 양식만의 고유한 조건들은 해체 지향의 시대를 역류하는 고전적 감각과 인식을 선사함은 물론, 원초적 정서와 통합적 삶의 이치를 경험하게끔 해주는 천혜의 토양이 되는 것이다.

김선화 시인이 펴내는 첫 시집 『성탄전야』(동학사, 2015)는, 이러한 정형 양식의 고전적 기율과 속성을 아름답게 보여주는 뜻 깊은 실례라고 할 수 있다. 이 시집은 등단 10년째를 맞는 시인이 가꾼 정형 미학의 오롯한 성취로서, 그 안에는 그녀만의 내면에서 울려나오는 절절한 음악이 있고, 깊은 사유와 감각이 찍어낸 선연한 도록圖錄이 있다. 첫 시집이니만큼 그 소리와 풍경은 그동안 지내온 오랜 세월을 응축한 일종의 '시간의 미학'을 더더욱 잘 보여준다. 이제 그 선명하고도 절실한 정형 미학의 안쪽으로 들어가 보자.

2

우리가 잘 알고 있듯이, 서정시는 일정한 상황 아래 빚어지는 정서와 감각과 사유를 짧은 틀 안에 담아내는 언어 예술이다. 또한 그것은 인간의 정서와 감각과 사유를 표현하되, 유기적 구조를 지닌 운율적 언어로 형상화한 문학을 말한다. 일정한 서사를 내장한 것이 아니라 순간적 정서 표현에 의존하는 이러한 서정시의 장르적 특성은 널리 인정되고 있다. 따라서 우리가 좋은 서정시를 통해 때로 정서적 위안을 얻고 때로 지적 충격을 받으며 때로 감각적 즐거움을 경험하는 것은, 이러한 유기성과 순간성의 통합에서 연원하는 경우가 많다. 그런데 이때 서정시에 나타난 정서나 감각이나 사유는 비교적 정제되고 숭고한 방향으로, 균형과 조화를 이루는 방향으로 조직되는 경우가 많다. 김선화 시편의 제

일 덕목은 이러한 균형과 조화 그리고 그것을 떠받치는 '사랑'의 마음에서 발원하고 있다.

그대가 보입니다
마주 선 환한 모습

유리문 안쪽으로
못 보는 그대 보입니다

창 너머
바라만 보아도
활짝 나는 핍니다

– 「해바라기」 전문

널 보면
금이 간다
가슴에 실금이 간다

사는 선
서로서로 어깨를 내어주는 것

키 작은
너의 어깨 위로

날아든 젖은 눈빛

-「사랑」 전문

시인의 성정을 온통 감싸고 있는 '사랑'의 기운은, 앞의 시편에서 '해바라기'라는 상관물을 통해 드러나고 있다. '해바라기'는 이쪽의 '나'가 창 너머로 바라다보는 아스라한 '그대'이다. 비록 '그대'가 이쪽의 '나'를 보지 못해도, '나'는 '그대'가 그저 환한 모습으로 마주 서 있는 것만으로도 스스로의 존재를 피워낼 수 있다. 창을 사이에 둔 채 상호 공명과 매혹의 마음이 번져가는 아름다운 시편이다. 뒤의 시편에서는 가슴에 실금이 가게끔 하는 '너'를 호명하고 있다. 시인은 "서로서로 어깨를 내어주는 것"이야말로 삶의 속성이며, 그렇게 "키 작은/너의 어깨 위로/날아든 젖은 눈빛"이 바로 사랑의 문양紋樣이자 흔적이라고 간절하게 노래한다. 이는 "언제든 내 품에 달려와 언 마음 안기라고"(「성탄전야」) 하는 마음과 다를 바 없을 것이다. 이처럼 김선화 시인에게 '사랑'이란 "그 가을 붉은 마음/그대 아직 그대로여서"(「첫눈」) 심장 가장 가까운 곳에 '그대'를 앉혀둔 형형한 빛이며, "슬퍼도 아름다운 게 삶이라고 삶이라고"(「추억에서」) 속삭이는 따뜻한 마음의 에너지인 셈이다. 그 '사랑'의 힘이 뭇 사물로 퍼져나가면서, 시인으로 하여금 사물의 이면을 투시하면서 삶 의 편재적遍在的 이법을 발견해가는 견자見者가 되게 해주고 있는 것이다.

3

잘 씌어진 서정시는 '회감回感'과 '깨달음'이라는 정서와 사유의 갱신 과정을 통해, 우리가 근원에서부터 잃어버린 것들에 대한 인지적이고 정의적인 충격을 서늘하게 선사한다. 물론 이러한 구심적인 기능으로 서정시의 존재론을 다 설명할 수 있는 것은 아니다. 최근 우리 시의 외연은 오히려 파격과 균열을 도모하는 데까지 흔연히 미치고 있고, 그 원심적인 영토를 무한 확장해가고 있지 않은가. 하지만 우리가 가장 중요한 시적 경험으로서 회감과 깨달음을 다시 한 번 강조하는 까닭은, 그것들이 인간을 가장 근원적이고 궁극적인 관심으로 여전히 유도해가기 때문이다. 결국 우리는 이러한 시적 원리와 함께 근원으로 흘러가고 있다. 그리고 그 과정에 우리의 감각과 상상력을 비끄러매어 고독하고 역설적인 삶의 길을 걸어간다. 그러한 역설의 길을 나선 언어 양식 가운데 가장 단아하고 견고한 것이 현대시조일 것이다. 김선화 시인은 바로 그 시조의 육체를 입고 아름다운 회감과 깨달음의 '숲'을 걸어간다.

함박눈 미사포를 쓴

나무에게 배웠네

하늘 향해 손 모아 기도하는 마음을

안으로 아픈 기억을
다스리고 있음을

사나운 비바람에 꺾이며 떨던 시간
인고를 새기던 기나긴 발자국이

옹이진
상처였음이
눈으로 만져지네

화장을 지우고 엉킨 마음 나도 비우니

하늘에 기대어 빚지며 살아온 나날

꽃망울 세우는 핏줄 아프도록 보이네

– 「숲에 들어」 전문

'나무'를 통해 생의 궁극적 이치를 배워가는 이 시편은, 눈을 이고 있는 나무 형상에서 "하늘 향해 손 모아 기도하는 마음"과 "안으로 아픈 기억을/다스리고" 있는 과정을 읽어내고 있다. 자연스럽게 "사나운 비바람에 꺾이며 떨던 시간"은 가파른 인고忍苦의 과정이었고, 시인은 이를 통해 "옹이진/상처"로서의 발걸음을 재촉해온 시간을 떠올린다. 그렇게 마음을 비운다는 것은 "하늘에 기대어 빚지며 살아온 나날"을 바라보는 것이며, "꽃망울 세우는 핏줄"까지 응시하는 일이 아닐 것인가. 그래서 그 안에 여러 형식적 변주를 품고 있는 이 연시조 작품은, "어디쯤 왔는지 나는 알지 못하고/군중 속, 밀고 밀리며 주름져온 나날들"(「러닝머신 위에서」)을 세고 있을 때, 문득, 망연히 시인에게 찾아온 깊은 회감과 깨달음을 담고 있는 것이다. "나무는 가르쳐주지 않아도 제자리에"(「예의」) 있기에 시인으로서는 "결이 고운 생각의 무늬를 만들"(「조약돌」) 수 있었던 것이다. 이처럼 김선화 시인은 이번 시집을 통해 스스로 겪어온 시적 경험에 대한 충실한 고백을 들려주면서, 그 스스럼없는 고백을 통해 자기가 살아온 삶을 성찰하고 나아가 우리가 일상 속에서 망각하고 살아가는 근원적 가치들에 대한 새삼스런 발견의 감각을 보여준다. 서정시의 존재 양식이 인간 내면에 지워져간 것들을 새롭게 환기하는 힘과 연결된다는 점에서, 그녀는 서정시의 가장 원형적인 모습을 선보이고 있는 것이다. 특별히 그녀는 '나무' 형상을 빌려 정신적 고처高處를 찾아 나서고, '나무'를 통해 우리 삶 가까운 곳에서 구체적으로 조우하는 발견의 감각을 드러내고 있다.

햇살 먹어 장맛들이던 뒤란 항아리들이

집을 새로 짓고 옥상으로 올라왔다

하늘이 더 가까워져 달도 별도 밝게 뜨고

어머니 행주질하던 그 손길이 떠나가니

거꾸로 엎어진 놈은 세상도 등을 지고

소금기 빛바랜 추억 바람이 실어 나른다.

- 「장독대」 전문

'숲'이 인간의 삶 가장 가까운 곳으로 몸을 바꾼 것이 '장독대'일 것이다. 장독대 항아리들은 원래 뒤란에서 장맛들이던 것이었는데, 옥상으로 올라와 새로운 거처를 마련했다. 옥상에 올라왔으니 하늘은 더 가까워졌고, 달도 별도 밝게 뜨는 것만 같다. 이제 어머니께서 행주질하던 손길도 떠나가셨으니, 항아리들은 "소금기 빛바랜 추억"을 실어 나르는 바람이 머무는 더없이 한가로운 공간이 된다. 그렇게 김선화 시인이 응시하는 사물들은 "홀로 빛날 때까지"(「운명 - 진주」)의 시간을 견디면서 "또 다시/생生을 넘고 있는/저 눈부신 고요"(「낙엽」)를 온몸으로 드러낸다. 이처럼 시인의 심미적 체험을 담은 시적 표상으로서의 사물들은 그것을 통해 삶을 성찰하고 치유하려는 시인 고유의 상상력에 의해 펼쳐지고 있는 것이다. 물론 일정 부분 알레고리적 외피를 입고 나타난다고는 해도, 그것은 범속한 현실 시편으로 떨어지거나 평균적 사물 시편의 외양을 띠지 않는다는 데 그 특장을 보이고 있다. 다시 말하면 김선화 시인은 "장독대 햇살 깊은 항아리 그 속을 닮았다"(「닮았다」)고 말할 수 있다. 그만큼 그녀는 깊고 융융한 서정적 직관을 통해 심미적 사물을 재현하되, 거기서 매우 우주적이고 보편적인 삶의 의미와 가치를 읽고 있는 것이다.

4

우리가 잘 알듯이, 시의 언어는 구체적이어야 한다. 사물의 모습을 있는 그대로 생생하게 환기할 수 있으려면 시의 언어는 그 사물이 지닌 질감을 구체적으로 나타낼 수 있어야 하고, 그것이 지닌 연관들을 풍부하게 구현할 수 있어야 한다. 이처럼 시의 언어는 감각적 구체성과 함께 사물의 연관들을 짧은 형식 속에 포괄해야 하기 때문에 언어가 가진 잠재적 자질을 최대한 효과적으로 이용하지 않을 수 없다. 원래 '언어'는 일상에서 이미 얼마간 보편적이고 추상적인 성격을 획득했기 때문에, 그것을 개별적이고 구체적인 사상事象을 표현하는 데 이용하려면 일정 정도의 정련이 없어서는 안 되는 것이다. 그 점에서 다음 작품은, 구체적 언어로서의 시의 역할이 특유의 균형 감각 속에 녹아든 대표적인 사례일 것이다.

오늘은 한 달에 한 번 집에 가는 월급날
정부군 잡일을 하는 열네 살 압둘바리는
빵과 물 여덟 식구를 안쪽 가슴에 품었다

폭탄에 눈 먼 아버지, 다리 없는 순한 누이
온종일 보고 싶은 먹먹한 그리움으로
양귀비 찬란한 들길을 겅중겅중 달려간다

– 「아프가니스탄의 꽃」 전문

이 시편의 주인공인 아프가니스탄의 소년 압둘바리는 내전 때문에 졸지에 가장이 되어버렸다. 시인의 시선과 관심은 그 먼 이역異域의 소년에 머문다. 여덟 식구를 먹여 살리는 열네 살 가장은 정부군 잡일을 하면서 한 달에 한 번 집에 들른다. 식구들은 전쟁으로 가난과 불구의 삶을 살아가지만, 그는 "온종일 보고 싶은 먹먹한 그리움"으로 가족들을 향해 "양귀비 찬란한 들길"을 달려간다. 시인은 그 발걸음을 '겅중겅중'이라고 했거니와, 그렇게 가볍고 힘있게 자꾸 솟구쳐 뛰는 모양이 그 소년의 삶의 에너지가 온통 '집'을 향해 있음을 알게 한다. "무슨 뜻을 세웠거나 성근 제 뼈를 깎아"(「맷돌의 잠」) 살아가고 있는 소년의 모습이 참으로 애잔하다. 이처럼 구체적 언어를 통해 새로운 시적 현실을 구축해가는 김선화 시인은, 시조 장르의 전통적 원리와는 다소 낯선 지점 곧 사회적 상상력에 의해 자기 이야기가 아닌 타자의 이야기를 시 안에 담아간다. 그 시선은 가장 멀리는 "물에서 더 자유로운 生을 받는 사람들"(「보트피플 – 톤레삽 호수에서」)에게까지 미친다. 이러한 뭇 타자들의 애환을 그리면서도 시인은 모든 존재가 보편적으로 꿈꾸는 근원에 대한 탐색을 동시에 행하고 있는데, 바로 이 점이 김선화 시인의 가장 독자적인 음역音域이라 할 것이다.

변두리 허름한 이층건물 위아래층에

거룩한 主 '사랑교회'
술酒맛 좋은 '풀잎사랑'이

서로의 등을 맞대고 삶을 이야기한다

흙바람 속 빗물과 투명한 눈물 사이

첨탑 위 십자가와 진분홍 간판 사이

어둠이 밀려오면 켜지는
네온사인 두 사랑

– 「공존」 전문

이처럼 성속聖俗이 하나의 공간에서 교차하고 공존하는 풍경은, 김선화 시학이 갖춘 적정한 균형 감각과 포용력을 다시 한 번 개성적으로 보여준다. 물론 이러한 풍경은 "변두리 허름한 이층건물 위아래층"에 걸쳐 있다. 시인이 바라보는 이른바 외곽성 혹은 주변성의 가치가 돌올하게 드러나는 순간이 아닐 수 없다. 거기에는 "거룩한 主 '사랑교회'/술酒맛 좋은 '풀잎사랑'이//서로의 등을 맞대고" 있다. 그 맞댄 등이야말로 진정한 삶을 서로에게 이야기하는 듯이 보인다. 그렇게 "흙바람 속 빗물과 투명한 눈물 사이" 그리고 "첨탑 위 십자가와 진분홍 간판 사이"에서 이네들은 진정한 "네온사인 두 사랑"을 구축해간다. 시인은 그 사랑 안에 "올올이 건너온 시간"(「단추를 달며」)과 "이제 펼칠 수도 알 수도 없는 먼 기억들"(「단종애사 – 왕후의 편지」)을 담는 것이다.

김선화 시인의 시적 수원水源 가운데 중요한 한 가지는, 이렇게 이름 없이 살아가는 타자들의 눈물겨운 삶에 대한 깊은 공감과 그것을 동시대 현실로 확장해가는 안목에 있다. 한 걸음 더 나아가 그녀는 우리의 척박한 현실에 대한 시적 항체抗體로서 시원始原의 시공간을 상상적으로 그리고 있는데, 그 시공간에서 우리가 잃어버리고 사는 근원적 가치들을 새삼 일깨우고 있는 것이다. 이는 시인의 안목이 가장 근원적인 것에 대한 깊은 인식에서 발원하는 것임을 다시 한 번 알려준다.

5.

마지막으로 강조되어야 마땅한 김선화 시학의 주제는, 자신의 어떤 근원에 대한 시적 탐색이다. 그래서 그녀 시에 나타나는 목소리는 개별적 경험에 한정되지 않고, 근원적인 존재 일반의 탐색이라는 성격을 띤다. 사회적 상상력의 결실이라고 할 수 있는 타자 지향의 시편들도 결국은 이러한 근원에 대한 믿음이 현실 속으로 침투한 결과일 것이다. 그렇기 때문에 그녀가 존재의 근원을 탐색하고 자기 완성을 추구해가는 모습은, 시적 대상을 향한 한없는 매혹과 그리움을 가진 채 수행된다. 그 가운데서도 우리는 시인 자신의 존재론적 기원origin으로 끊임없이 회귀하려는 강한 열망과 만나게 되는데, 그 매혹과 그리움의 일차적 대상은 부모님으로 나타난다. 그녀는 삶의 가장 원형적인 상像이 녹아 있는 그분들을 일일이 호명하면서, 그 안에서 형성되어온 자기 기원의 시간을 기억하고 상상하고 채집한다. 그 전경前景을 먼저 살펴보자.

> 봄비 오는 꽃밭엔
> 고운 엄마 쪼그려 앉아
>
> 채송화, 분꽃 씨와
> 단비 함께 맞았지

봉숭아
꽃물 들여 드릴까
늙은 엄마 손톱에.

– 「올해는」 전문

묵묵히
생각에 잠긴
겨울나무 등에 기대어

살냄새
싱그럽던 그의 여름을 봅니다

아버지
푸른 등줄기 목말 타던 지난날.

한때
가지마다 휘어진 능금 능금처럼

반짝이며
바라보던 그 눈빛을 봅니다

언 땅을 녹이는 소리 그의 물줄기도 봅니다.

– 「겨울나무」 전문

'꽃'과 '나무'에 서려 있는 시간들은 모두 부모님의 삶을 적극 환기한다. "봄비 오는 꽃밭"에서 시인은 "고운 엄마"와 "늙은 엄마" 사이에 흘러버린 시간을 하염없이 바라본다. "채송화/분꽃"은 단비 함께 맞았던 기억으로 이어지면서 "올해는" 어머니 손톱에 봉숭아 꽃물을 드려드리겠다는 상상으로 이월해간다. 그리고 뒤의 시편에서는 아버지에 대한 기억을 이어가는데, 여기서 아버지의 상관물은 "묵묵히/생각에 잠긴/겨울나무"이다. 그 나무는 "아버지/푸른 등줄기 목말 타던 지난날"을 떠올리게 하면서 시인으로 하여금 눈빛과 물줄기를 따뜻하게 생각하게끔 한다. 언 땅을 녹이던 그 소리야말로 어쩌면 아버지와 연관된 기억처럼 근원적인 기운으로 감싸인 것일 터이다. 그 어머니와 아버지는 다음 시편에서 이제 자신들만의 육체를 고스란히 드러내주신다.

잠자는 어머니 볼 가만히 대어보면

주름진 골짜기마다 물 흐르는 소리 들린다

마침내 넘쳐흐르는 푸르고도 시린 물

어머니 하얀 머리 가만히 만져보면

흔들리며 피어나는 풀꽃들이 보인다

육남매 뛰놀던 들판 어린 햇살도 보인다.

– 「눈 감고」 전문

늙으신 어머니의 볼에서 "주름진 골짜기마다 물 흐르는 소리"가 들린다. 그 골짜기에서 넘쳐흐르는 "푸르고도 시린 물"은 어머니의 푸르고도 시린 생 그 자체의 은유일 것이다. 그런가 하면 "어머니 하얀 머리"에서는 "흔들리며 피어나는 풀꽃들"이 보인다. 낳고 기른 육남매가 뛰놀던 들판의 "어린 햇살"도 따라온다. 시인은 이 시편에서 '어머니'야말로 자신의 생을 가능케 했던 원형적 존재일 뿐만 아니라, 지금도 강렬한 기억 속에서 가장 아름답게 남아 계신 분이라고 고백한다. 곧 시인은 "눈 감고" 어머니에 대한 선명하고도 아련한 기억을 수행하고 있는 것이다. 그 늙으신 어머니는 때로는 "아기가 되었나보다"(「어느 날」) 하는 느낌을 주셨고, 이제는 돌아가셔서 "귀퉁이 떨어져 나온 쓸쓸한 돌멩이"(「산역」) 같은 감회를 시인에게 주신다. 하지만 시인은 여전히 그 어머니 앞에서 "아직도/떼를 쓰는 나는/강아지이고"(「엄마의 '우리강아지' 1」) 싶고, "울 엄마, 손을 핥으며/꼬리를 흔들고"(「엄마의 '우리강아지' 2」) 싶은 것이다.

아흔넷 아버지 손 꼬옥 잡아본다

육남매 키우느라 패인 세월 자국

흙물도 다 빠져나가 가랑잎처럼 가볍다

이제야 알게 된 담배연기 매운 시름은

덤불 속 제 몸 뉘여 고른 길 내주고픈

아버지 생채기 많은 깊은 사랑이었다

오늘은 담배 대신 우유 빨대를 쥐고

추억이 된 창문 밖 풍경 늦도록 바라보며

살아온 날을 그리는 야윈 손이 흐느인다

– 「아버지의 손」 전문

아버지는 흑과 백, 오늘도 집을 짓는다

살뜰한 아내가 차린 따뜻한 밥상 앞에

희망도 올망졸망 빛나던 젊은 시절 작은 집.

추억도 말도 잊은 삭정이 같은 손을 잡고

물기 어린 사랑 한줌, 아내 한판 쓸어내리며

못 떠날 둥지 끌어안고 가슴에 돌집 짓는다.

– 「아버지의 바둑」 전문

먼저 작품에는 "아흔넷 아버지"의 손을 잡자 거기에도 "육남매 키우느라 패인 세월 자국"이 남아 있음을 발견하는 순간이 담겨 있다. 이제 아버지 일생을 은유하는 '흙물'도 다 빠져나가, 아버지의 '손'은 너무도 가볍기만 하다. 아버지의 "담배연기 매운 시름"이나 "생채기 많은 깊은 사랑"을 뒤늦게 알아차린 딸은, 이제 "추억이 된 창문 밖 풍경 늦도록 바라보며//살아온 날"을 그리는 아버지의 야윈 손을 바라본다. 그 야위고 흐늑이는 손길이 "한 남자고 남편이었고 아버지"(「놓으셔도 돼요」)였던 그분의 생을 가파르게 내려앉게 하는 것이다. 이처럼 "희뿌연 아버지의 눈빛이/골목 내내 흔들"(「돌아오는 길」)리는 것을 느끼면서 시인은 아버지를 내내 자신의 언어 안에 담아간다.

이처럼 시인은 아버지가 평소 두시던 '바둑'에서 아버지라는 시간을 정성스레 탐색해간다. 아버지는 "희망도 올망졸망 빛나던 젊은 시절 작은 집"을 지으셨다. 이때의 '집'은 바둑에서 지어가는 '집'이기도 하고, 한평생을 다해 지으셨던 아버지 자신의 '집(가정)'이기도 할 것이다. 그렇게 "못 떠날 둥지 끌어안고 가슴에" 지은 돌집이 바로 그러한 이중적 의미를 잘 알려준다. 이처럼 김선화 시인에게 '아버지'란 존재론적 기원으로는 물론, 자신의 살아온 삶의 빛과 빚을 동시에 허락하는 눈물겨운 표상으로 존재하신다. 그 표상 안에는 오랜 상처와 기쁨이 섞여 있고, 회한과 감사가 엇갈리고 있으며, 고유한 정성과 사랑을 생성시키는 삶의 리듬이 흐르고 있는 것이다.

6.

우리가 잘 알듯이, 한 편의 서정시 안에 구현된 시간은 경험적이고 물리적인 시간 그 자체가 아니라, 작품 내적으로 취택되고 재구성된 사후적事後的 시간이다. 우리가 '기억'이라고 부르는 것도 마음이라는 지층에 보존된 하나의 사후적 흔적이며 표지標識이며 삼재석 기록일 것이다. 김선화 시인은 고고학자처럼 의식의 건너편에 내재한 이러한 시간들을 불러오는 기억의 사제이다. 그러한 지향과 속성이 그녀로 하여금 소멸해가는 사물들에 대한 매혹적이고도 아득한 시선을 가지게끔 하는 것이다.

지금까지 우리가 천천히 읽어온 것처럼, 김선화 시인의 목소리는 시종 잔잔하고 절절하다. 비록 자신의 시편들을 두고 "허물 벗고 살갗을 뚫고 나오길 바라는 나의 시가/길을 잃지 않기를…"(「시인의 말」)이라고 낮추어 고백했지만, 그녀는 소소하지만 그 안에 깊은 사유와 감각을 담아낸 우리 시조시단의 중요한 실례로 남을 것이다. 그리고 "네가 꽃이라면/만약에 꽃이라면"(「갈증 – 詩에게」)이라고 불러보았던 그 '시'를 더없이 아름답고 견고하게 지속해갈 것이다. 이러한 신뢰를 바탕으로 우리는, 자기 기원과 타자의 삶을 상상하는 마음이 가 닿은 정형 미학의 결실을 한동안 지켜보면서, 그녀가 더욱 심원한 걸음으로 다음 시집에 이르기를, 마음 깊이, 희원해보는 것이다.